Mon album illustré bilingue
کتاب تصویری دو زبانه من

Les plus beaux contes pour enfants de Sefa en un seul volume

Ulrich Renz • Barbara Brinkmann:

Dors bien, petit loup · راحت بخواب، گرگ کوچک

À lire à partir de 2 ans

Cornelia Haas • Ulrich Renz:

Mon plus beau rêve · قشنگ‌ترین رویای من

À lire à partir de 2 ans

Ulrich Renz • Marc Robitzky:

Les cygnes sauvages · قوهای وحشی

D'après un conte de fées de Hans Christian Andersen

À lire à partir de 5 ans

© 2024 by Sefa Verlag Kirsten Bödeker, Lübeck, Germany. www.sefa-verlag.de

Special thanks to Paul Bödeker, Freiburg, Germany

All rights reserved.

ISBN: 9783756304592

Lis · Écoute · Comprends

Dors bien, petit loup
راحت بخواب، گرگ کوچک

Ulrich Renz / Barbara Brinkmann

français   bilingue   persan (farsi)

Traduction:

Céleste Lottigier (français)

Jahan Mortezai, Ajmal Khan Arifi, Sara Zhalehpour (persan (farsi))

Livre audio et vidéo :

www.sefa-bilingual.com/bonus

Accès gratuit avec le mot de passe:

français: **LWFR1527**

persan (farsi): **LWFA1510**

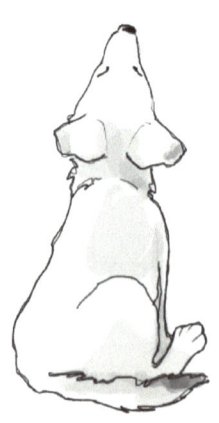

Bonne nuit, Tim ! On continuera à chercher demain.
Dors bien maintenant !

شب بخیر، تیم!

فردا به جستجو ادامه می‌دهیم. حالا خوب بخواب!

Dehors, il fait déjà nuit.

بیرون، همه جا تاریک شده است.

Mais que fait Tim là ?

تیم چه کار می‌کند؟

Il va dehors, à l'aire de jeu.
Qu'est-ce qu'il y cherche ?

او به طرف زمین بازی می‌رود.
آنجا دنبال چه می‌گردد؟

Le petit loup !

Sans lui, il ne peut pas dormir.

گرگ کوچک!

او بدون آن نمی‌تواند بخوابد.

Mais qui arrive là ?

این چه کسی است که می‌آید؟

Marie ! Elle cherche son ballon.

ماری! او دنبال توپش می‌گردد.

Et Tobi, qu'est-ce qu'il cherche ?

و توبی دنبال چه می‌گردد؟

Sa pelleteuse.

بیل مکانیکی اش.

Et Nala, qu'est-ce qu'elle cherche ?

و نالا دنبال چه می‌گردد؟

Sa poupée.

عروسکش.

Les enfants ne doivent-ils pas aller au lit ?

Le chat est très surpris.

بچه‌ها نباید به تخت خواب بروند؟

گربه خیلی تعجب کرده است.

Qui vient donc là ?

دیگر چه کسی دارد می‌آید؟

Le papa et la maman de Tim !
Sans leur Tim, ils ne peuvent pas dormir.

مادر و پدر تیم!
آنها بدون تیم‌شان نمی‌توانند بخوابند.

Et en voilà encore d'autres qui arrivent !
Le papa de Marie. Le papi de Tobi. Et la maman de Nala.

و تعداد بیشتری دارند می‌آیند!
پدر ماری. بابا بزرگ توبی. و مادر نالا.

Vite au lit maintenant !

حالا همگی سریع به طرف تخت خواب!

Bonne nuit, Tim !

Demain nous n'aurons plus besoin de chercher.

شب بخیر، تیم!

فردا دیگر لازم نیست جستجو کنیم.

Dors bien, petit loup !

راحت بخواب، گرگ کوچک!

Cornelia Haas • Ulrich Renz

Mon plus beau rêve

قشنگ‌ترین رویای من

Traduction:

Martin Andler (français)

Sadegh Bahrami, Bahar Talai (persan (farsi))

Livre audio et vidéo :

www.sefa-bilingual.com/bonus

Accès gratuit avec le mot de passe:

```
français: BDFR1527
```
```
persan (farsi): BDFA1510
```

Mon
plus beau rêve
قشنگ‌ترین رویای
من

Cornelia Haas · Ulrich Renz

(français   bilingue   persan (farsi))

Lulu n'arrive pas à s'endormir. Tous les autres rêvent déjà – le requin, l'éléphant, la petite souris, le dragon, le kangourou, le chevalier, le singe, le pilote. Et le bébé lion. Même Nounours a du mal à garder ses yeux ouverts.

Eh Nounours, tu m'emmènes dans ton rêve ?

لولو خوابش نمی‌برد. بقیه خیلی وقت است که دارند خواب می‌بینند، کوسه‌ماهی، فیل، موش کوچولو، اژدها،کانگورو، شوالیه، میمون، خلبان و بچه‌شیر. حتی خرسه هم تقریباً چشم‌هایش بسته شده است...

هی خرسه، من را هم می‌بری به خوابت؟

Tout de suite, voilà Lulu dans le pays des rêves des ours. Nounours attrape des poissons dans le lac Tagayumi. Et Lulu se demande qui peut bien vivre là-haut dans les arbres ?

Quand le rêve est fini, Lulu veut encore une aventure. Viens avec moi, allons voir le requin ! De quoi peut-il bien rêver ?

و حالا لولو در سرزمین رویاهای خرس‌ها است. خرسه از دریاچه‌ی تاگایومی ماهی می‌گیرد. و لولو با تعجب از خودش می‌پرسد، چه کسی آن بالا توی درخت‌ها زندگی می‌کند؟
رویا که تمام می‌شود، لولو هنوز هم دلش ماجراهای بیشتری می‌خواهد. بیا برویم به دیدن کوسه‌ماهی! یعنی او چه خوابی دارد می‌بیند؟

Le requin joue à chat avec les poissons. Enfin, il a des amis ! Personne n'a peur de ses dents pointues.
Quand le rêve est fini, Lulu veut encore une aventure. Venez avec moi, allons voir l'éléphant ! De quoi peut-il bien rêver ?

کوسه‌ماهی دارد با بقیه ماهی‌ها، قایم‌باشک بازی می‌کند. بالاخره دوست پیداکرده است! هیچ‌کس از دندان‌های تیزش نمی‌ترسد.

رویا که تمام می‌شود، لولو هنوز هم دلش ماجراهای بیشتری می‌خواهد. بیایید برویم به دیدن فیله! یعنی او چه خوابی دارد می‌بیند؟

L'éléphant est léger comme une plume et il peut voler ! Dans un instant il va se poser dans la prairie céleste.

Quand le rêve est fini, Lulu veut encore une aventure. Venez avec moi, allons voir la petite souris. De quoi peut-elle bien rêver ?

فیله مثل یک پر سبک شده است و می‌تواند پرواز کند! بعد روی دشتی در آسمان فرود می‌آید.

رویا که تمام می‌شود، لولو هنوز هم دلش ماجراهای بیشتری می‌خواهد. بیایید برویم به دیدن موش کوچولو! یعنی او چه خوابی دارد می‌بیند؟

La petite souris visite la fête foraine. Ce qui lui plaît le plus, ce sont les montagnes russes.

Quand le rêve est fini, Lulu veut encore une aventure. Venez avec moi, allons voir le dragon. De quoi peut-il bien rêver ?

موش کوچولو در حال تماشای شهربازی است! بیشتر از همه از ترن هوایی خوشش می‌آید. رویا که تمام می‌شود، لولو هنوز هم دلش ماجراهای بیشتری می‌خواهد. بیایید برویم به دیدن اژدها! یعنی او چه خوابی دارد می‌بیند؟

Le dragon a soif à force de cracher le feu. Il voudrait boire tout le lac de limonade !

Quand le rêve est fini, Lulu veut encore une aventure. Venez avec moi, allons voir le kangourou. De quoi peut-il bien rêver ?

اژدها از بس آتش بیرون داده است، تشنه است. دلش می‌خواهد تمام دریاچه‌ی لیموناد را تا ته بنوشد.

رویا که تمام می‌شود، لولو هنوز هم دلش ماجراهای بیشتری می‌خواهد. بیایید برویم به دیدن کانگورو! یعنی او چه خوابی دارد می‌بیند؟

Le kangourou sautille dans la fabrique de bonbons et remplit sa poche. Encore plus de ces bonbons bleus ! Et plus de sucettes ! Et du chocolat ! Quand le rêve est fini, Lulu veut encore une aventure. Venez avec moi, allons voir le chevalier ! De quoi peut-il bien rêver ?

کانگورو در کارخانه آب‌نبات‌سازی بالا و پایین می‌پرد و کیسه اش را پر می‌کند. بازهم بیشتر از آب‌نبات‌های آبی رنگ! از آب‌نبات چوبی‌ها! او از شکلات‌ها!
رویا که تمام می‌شود، لولو هنوز هم دلش ماجراهای بیشتری می‌خواهد. بیایید برویم به دیدن شوالیه! یعنی او چه خوابی دارد می‌بیند؟

Le chevalier a une bataille de gâteaux avec la princesse de ses rêves. Ouh-la-la, le gâteau à la crème a râté son but !

Quand le rêve est fini, Lulu veut encore une aventure. Venez avec moi, allons voir le singe ! De quoi peut-il bien rêver ?

شوالیه و شاهزاده‌ی رویاهایش دارند به هم کیک پرتاب می‌کنند. اوه! کیک خامه‌ای از بیخ گوشش رد شد!

رویا که تمام می‌شود، لولو هنوز هم دلش ماجراهای بیشتری می‌خواهد. بیایید برویم به دیدن میمون! یعنی او چه خوابی دارد می‌بیند؟

Il a enfin neigé au pays des singes. Toute leur bande est en folie, et fait des bêtises.

Quand le rêve est fini, Lulu veut encore une aventure. Venez avec moi, allons voir le pilote ! Sur quel rêve a-t-il pu se poser ?

بالاخره در سرزمین میمون‌ها برف باریده است! کلِ دارودسته‌ی میمون‌ها حسابی ذوق‌زده شده‌اند و دارند دیوان‌بازی درمی‌آورند.

رویا که تمام می‌شود، لولو هنوز هم دلش ماجراهای بیشتری می‌خواهد. بیایید برویم به دیدن خلبان! یعنی در کدام رویا فرود آمده است؟

Le pilote vole et vole. Jusqu'au bout du monde, et encore au delà, jusqu'aux étoiles. Jamais aucun pilote ne l'avait fait.
Quand le rêve est fini, ils sont déjà tous très fatigués, et n'ont plus trop envie d'aventures. Mais quand même, ils veulent encore voir le bébé lion.
De quoi peut-il bien rêver ?

خلبان پرواز می‌کند و بازهم پرواز می‌کند. تا آخر دنیا و از آنجا باز هم جلوتر تا ستاره‌ها. تا حالا هیچ خلبانی نتوانسته این کار را بکند.

رویا که تمام می‌شود، همه حسابی خسته هستند و دیگر نمی‌خواهند دنبال ماجراهای بیشتر بروند. اما هنوز می‌خواهند به دیدن بچه‌شیر هم بروند. یعنی او چه خوابی دارد می‌بیند؟

Le bébé lion a le mal du pays, et voudrait retourner dans son lit bien chaud et douillet.
Et les autres aussi.

Et voilà que commence …

بچه‌شیر دلش برای خانه تنگ شده است و می‌خواهد برگردد به تختخواب گرم و نرم.

بقیه هم همینطور.

و تازه اینجاست ...

... که شروع می‌شود...

... le plus beau rêve
de Lulu.

... قشنگ‌ترین رویای لولو.

Ulrich Renz • Marc Robitzky

Les cygnes sauvages
قوهای وحشی

Traduction:

Martin Andler (français)

Jahan Mortezai (persan (farsi))

Livre audio et vidéo :

www.sefa-bilingual.com/bonus

Accès gratuit avec le mot de passe:

français: **WSFR1527**

persan (farsi): **WSFA1510**

Ulrich Renz · Marc Robitzky

Les cygnes sauvages

قوهای وحشی

D'après un conte de fées de

Hans Christian Andersen

+ audio   + video

français   bilingue   persan (farsi)

Il était une fois douze enfants royaux — onze frères et une sœur ainée, Elisa. Ils vivaient heureux dans un magnifique château.

یکی بود، یکی نبود. همه بودند و هیچ کس نبود.

روزی روزگاری دوازده شاهزاده بودند، یازده برادر و یک خواهر بزرگتر به اسم الیزه. آنها خوشبخت در قصر باشکوهی زندگی می کردند.

Un jour, la mère mourut, et après un certain temps, le roi se remaria. Mais la nouvelle épouse était une méchante sorcière. Elle changea les onze princes en cygnes et les envoya dans un pays éloigné, au delà de la grande forêt.

روزی از روزها مادرشان از دنیا رفت و مدتی بعد پادشاه دوباره ازدواج کرد. همسر جدید پادشاه اما جادوگر بدجنسی بود. او یازده شاهزاده را با جادو به شکل قو در آورد و به جایی دوردست فرستاد، به سرزمینی نا آشنا آنسوی جنگل‌های انبوه.

Elle habilla la fille de haillons et enduisit son visage d'une pommade répugnante, si bien que son propre père ne la reconnut pas et la chassa du château. Elisa courut vers la sombre forêt.

او لباس‌های ژنده ای بر تن دخترک کرد و صورتش را با روغنی چنان زشت کرد که حتا پدرش هم او را نشناخت و از قصر بیرونش کرد. الیزه به جنگل تاریک گریخت.

Elle était alors toute seule et ses frères lui manquaient terriblement au plus profond de son âme. Quand le soir vint, elle se confectionna un lit de mousse sous les arbres.

اکنون او تنهای تنها بود و دلتنگی و غم زیادی برای دیدار برادران گمشده اش داشت. غروب که فرا رسید، زیر درخت‌ها برای خودش بستری از خزه ساخت.

Le lendemain matin, elle arriva à un lac tranquille et fut choquée de voir son reflet dans l'eau. Une fois lavée, cependant, elle redevint le plus bel enfant royal sous le soleil.

صبح روز بعد کنار برکه ای که رسید، از دیدن چهره خود در آب وحشت زده شد. اما بعد از شستن خودش، دوباره زیباترین شاهزاده خانمی شد که خورشید تا بحال دیده بود.

Après de nombreux jours, elle arriva à la grande mer. Sur les vagues dansaient onze plumes de cygnes.

بعد از چندین روز الیزه به دریای پهناوری رسید. روی امواج، یازده پرقو مثل آلاکلنگ بالا و پایین می‌رفتند.

Au coucher du soleil, il y eut un bruissement dans l'air, et onze cygnes sauvages se posèrent sur l'eau. Elisa reconnut tout de suite ses frères ensorcelés. Mais comme ils parlaient la langue des cygnes, elle ne pouvait pas les comprendre.

خورشید که غروب کرد، زمزمه ای در هوا پیچید و یازده قوی وحشی روی آب فرود آمدند. الیزه بی درنگ برادران جادو شده اش را شناخت. اما چون آنها به زبان قوها صحبت می‌کردند، او نمی‌توانست حرفهای آنها را بفهمد.

Chaque jour, les cygnes s'envolaient au loin, et la nuit, les frères et sœurs se blottissaient les uns contre les autres dans une grotte.

Une nuit, Elisa fit un rêve étrange : sa mère lui disait comment racheter ses frères. Elle devrait tricoter une chemise d'orties à chacun des cygnes et les leur jeter dessus. Mais avant d'en être là, il ne fallait pas qu'elle prononce un seul mot : sinon ses frères allaient mourir.
Elisa se mit au travail immédiatement. Et bien que ses mains lui brûlaient comme du feu, elle tricotait et tricotait inlassablement.

در طول روز قوها به پرواز در می آمدند و شبها را کنار خواهرشان در غاری بسر می‌بردند.

شبی الیزه خواب عجیبی دید: مادرش به او گفت که چگونه می تواند برادرانش را نجات بدهد. او می‌بایستی از گزنه برای هر یک از قوها پیراهنی ببافد و روی تک تک آنها بیندازد. در این مدت اما او نباید حتا یک کلمه حرف بزند وگرنه این باعث مرگ آنها خواهد شد.
الیزه بی درنگ شروع به کار کرد. هرچند دستانش چون آتش می‌سوختند، اما او همچنان خستگی ناپذیر می‌بافت.

Un jour, des cornes de chasse se firent entendre au loin. Un prince, accompagné de son entourage, arriva à cheval et s'arrêta devant elle. Quand leurs regards se croisèrent, ils tombèrent amoureux.

روزی از در دوردست‌ها آواز شیپور شکار می‌آمد. شهزاده ای با همراهانش سوار بر اسب آمد و کمی بعد مقابل او ایستاد. لحظه ای آن دو در چشمان یکدیگر خیره شدند و یک دل نه صد دل عاشق یکدیگر شدند.

Le prince prit Elisa sur son cheval et l'emmena dans son château.

شاهزاده الیزه را بر اسب خود نشاند و با هم به سوی قصرش تاختند.

Le très puissant trésorier fut loin d'être content de l'arrivée de cette beauté muette : c'était sa fille à lui qui devait devenir la femme du prince !

خزانه دار مقتدر از آمدن زیباروی بی زبان خوشحال نبود. چون قرار بود دختر خودش عروس شاهزاده شود.

Elisa n'avait pas oublié ses frères. Chaque soir, elle poursuivait son travail sur les chemises. Une nuit, elle alla au cimetière pour cueillir des orties fraîches. Le trésorier l'observa en cachette.

الیزه برادرانش را فراموش نکرده بود. هر غروب بافتن پیراهن‌ها را ادامه می‌داد. شبی به مقصد قبرستان بیرون رفت که گزنه‌های تازه بیاورد. درحالیکه خزانه دار مخفیانه او را تعقیب می‌کرد.

Dès que le prince partit à la chasse, le trésorier fit enfermer Elisa dans le donjon. Il prétendait qu'elle était une sorcière qui se réunissait avec d'autres sorcières la nuit.

زمانی که شاهزاده برای شکار بیرون رفته بود، خزانه دار دستور داد که الیزه را در سیاهچال بیاندازند. او ادعا می کرد، الیزه جادوگری است که شبها با جادوگرهای دیگر دیدار می‌کند.

Au petit matin Elisa fut emmenée par les gardes. Elle devait être brûlée sur la place du marché.

سحرگاه الیزه توسط نگهبانان آورده شد. او می‌بایستی در میدان شهر سوزانده شود.

A peine y fut-elle arrivée qu'onze cygnes arrivèrent en volant. Elisa, très vite, jeta une chemise d'orties sur chacun d'eux. Bientôt, tous ses frères étaient devant elle en forme humaine. Seul le plus petit, dont la chemise n'était pas terminée, avait encore une aile à la place d'un bras.

او هنوز به آنجا نرسیده بود که یازده قوی سفید پروازکنان سررسیدند. الیزه بی درنگ روی هر یک لباسی از گزنه انداخت. لحظه ای بعد برادرانش به شکل آدم مقابلش ایستادند. تنها برادر کوچکتر که لباسش کامل بافته نشده بود، بجای یک دست یک بال را هنوز حفظ کرده بود.

Les frères et la sœur étaient encore en train de s'étreindre et de s'embrasser quand le prince revint. Elisa put enfin tout lui expliquer. Le prince fit jeter le méchant trésorier dans le donjon. Après quoi, le mariage fut célébré pendant sept jours.

Et ils vécurent heureux et eurent beaucoup d'enfants.

روبوسی و دلداری خواهر و برادران هنوز تمام نشده بود که شاهزاده بازگشت. و اینجا بود که الیزه بالاخره توانست کل ماجرا را برایش توضیح دهد. شاهزاده دستور داد خزانه‌دار بدذات را به سیاهچال بیندازند. سپس هفت شبانه روز به جشن و پایکوبی عروسی پرداختند.

و اگر عمرشان بسر نرسیده باشد، هنوز به خوبی و خوشی زندگی می‌کنند.

Hans Christian Andersen

Hans Christian Andersen est né en 1805 dans la ville danoise d'Odense et est mort en 1875 à Copenhague. Avec ses contes de fées tels que « La Petite Sirène », « Les Habits neufs de l'empereur » ou « Le Vilain Petit Canard », il s'est fait connaitre dans le monde entier. Ce conte-ci, « Les cygnes sauvages », a été publié en 1838. Il a été traduit en plus d'une centaine de langues et adapté pour une large gamme de médias, y compris le théâtre, le cinéma et la comédie musicale.

Barbara Brinkmann est née à Munich en 1969 et a grandi dans les contreforts bavarois des Alpes. Elle a étudié l'architecture à Munich et est actuellement associée de recherche à la Faculté d'architecture de l'Université technique de Munich. En outre, elle travaille en tant que graphiste, illustratrice et écrivaine indépendante.

Cornelia Haas est née en 1972 à Ichenhausen près d'Augsbourg. Après une formation en apprentissage de fabricant d'enseignes et de publicités lumineuses, elle a fait des études de design à l'université de sciences appliquées de Münster où elle a obtenu son diplôme. Depuis 2001, elle illustre des livres pour enfants et adolescents, depuis 2013, elle enseigne la peinture acrylique et numérique à la à l'université de sciences appliquées de Münster.

Marc Robitzky, né en 1973, a fait ses études à l'école technique d'art à Hambourg et à l'académie des arts visuels à Francfort. Il travaille comme ilIlustrateur indépendant et graphiste à Aschaffenburg (Allemagne).

Ulrich Renz est né en 1960 à Stuttgart (Allemagne). Après des études de littérature française à Paris, il fait ses études de médecine à Lübeck, puis dirige une maison d'édition scientifique et médicale. Aujourd'hui, Renz écrit des essais et des livres pour enfants et adolescents.

Tu aimes dessiner ?

Voici les images de l'histoire à colorier :

www.sefa-bilingual.com/coloring